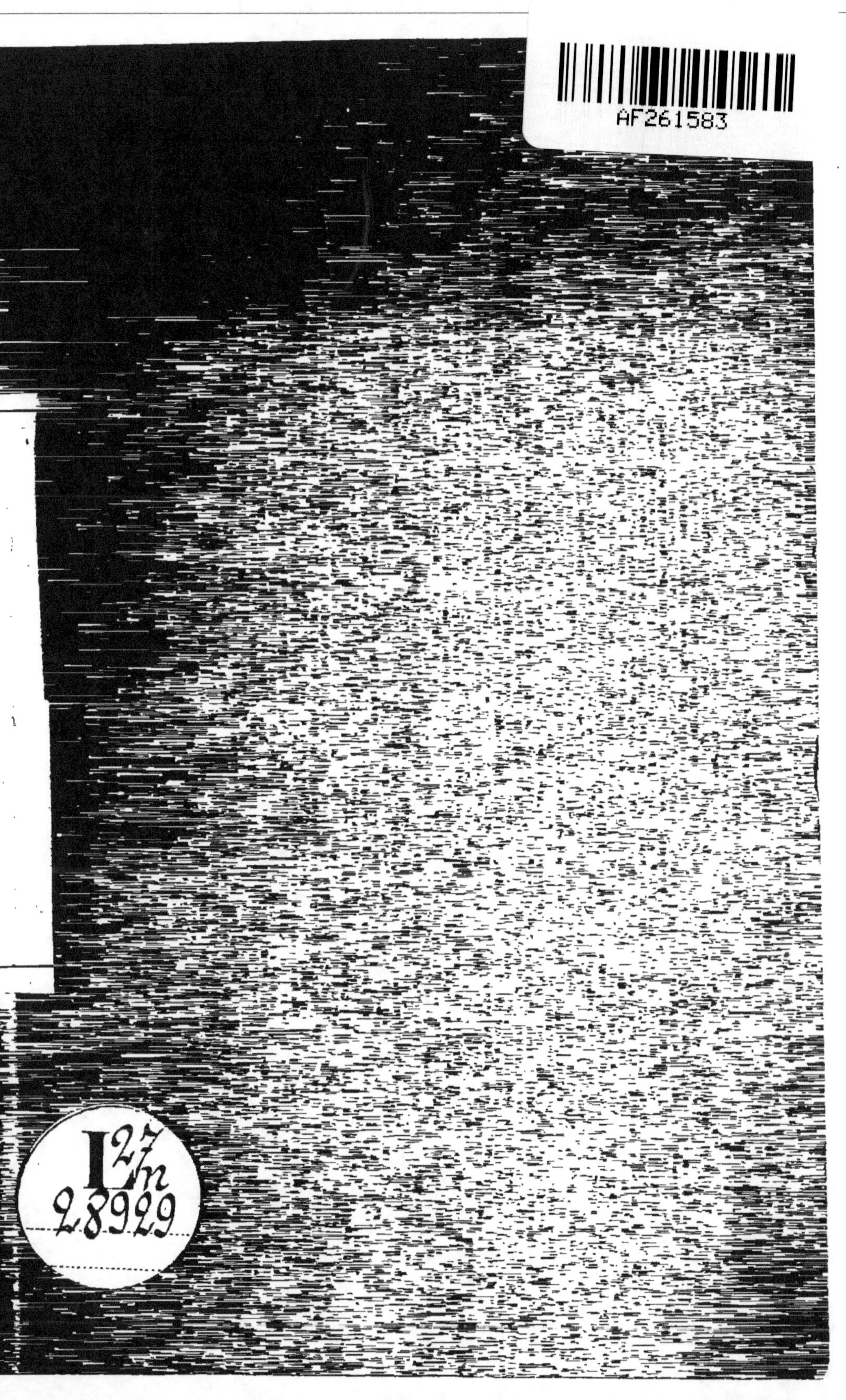

I 27/m
2.8929

TOUT POUR JUSTICE

ÉTIENNE BOYLESVE

PRÉVOT DE PARIS

SOUS LE RÈGNE DE SAINT LOUIS

RELIGION ✠ ✠ PATRIE

PARIS

LIBRAIRIE DE PROPAGANDE

HATON, ÉDITEUR

33, RUE BONAPARTE, 33

L 27 n
28929

TOUT POUR JUSTICE

ÉTIENNE BOYLESVE

PRÉVOT DE PARIS

SOUS LE RÈGNE DE SAINT LOUIS

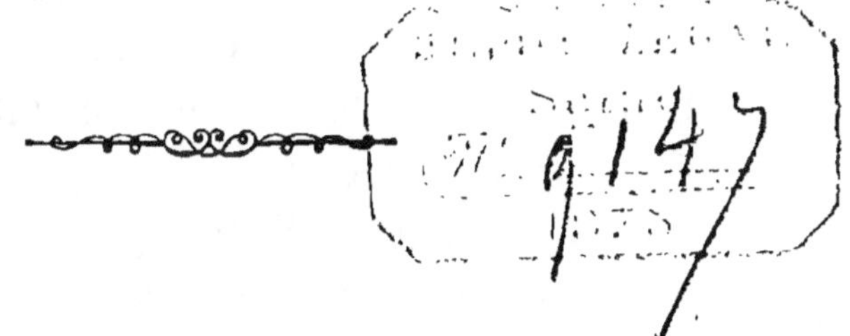

RELIGION ✠ ✠ PATRIE

PARIS

LIBRAIRIE DE PROPAGANDE

HATON, ÉDITEUR

33, RUE BONAPARTE, **33**

In 27
28929

AVERTISSEMENT

On a rappelé dernièrement les corporations ouvrières et les encouragements que leur prodiguèrent les rois de France.

Or, l'homme qui dressa les premiers et, sans contredit, les meilleurs règlements qui leur aient jamais été donnés, est un Angevin, Etienne Boileau, ou, selon la prononciation du temps, Etienne Boylesve.

On nous saura gré de reproduire une esquisse remarquable de la vie et des actes de ce magistrat, esquisse que nous venons de rencontrer dans une feuille judiciaire de 1838. Elle prouvera que les hommes auxquels la nation française doit une grande partie de son ancienne législation étaient d'un tout autre acabit que les grands réformateurs de notre temps, que chez eux, l'amour du peuple, de la justice, de la patrie ne cachait pas, sous un nom sublime, la vanité, l'égoïsme, la soif des jouissances.

(Union de l'Ouest, avril 1851).

ÉTIENNE BOYLESVE

Le 15 de juin 1236, la population de la ville d'Angers était en grand émoi et surprise. Un envoyé de Louis neuvième, roi de France, était descendu la veille à la maison de ville, et y avait immédiatement assemblé les principaux bourgeois, prud'hommes et artisans maîtres. Cette convocation, dont le résultat avait été tenu secret, avait donné cours à une multitude de bruits contradictoires. Les uns prétendaient que le jeune monarque allait signaler son avénement au trône par une croisade contre les infidèles ; les autres, et c'était le plus grand nombre, soutenaient que l'envoyé du roi venait pour hâter la levée du ban et de l'arrière-ban de la noblesse, afin de chasser l'Anglais de la Saintonge et de l'Aunis. Ces deux versions étaient accueillies par le peuple avec de bruyants transports de joie, car dans ce bon et noble pays de France, l'espoir d'une guerre est un signal d'allégresse, et aucune fête n'est comparable à la besogne de fourbir les armes, de déployer les drapeaux, et de faire reluire les casques et les morions.

Un seul bourgeois d'Angers s'était abstenu d'aller à

l'hôtel de ville : c'était Etienne Boylesve, *l'honnête homme*, comme on l'appelait vulgairement. Un chagrin domestique, la disparition d'un beau-frère et d'un neveu également chéris, le tenait éloigné des émotions publiques, et l'avait en quelque sorte sequestré dans sa maison, au milieu de sa famille, désormais incomplète. Le peuple respectait la douleur d'un de ses plus honorables citoyens, et nul, ni parmi ses égaux, ni parmi ses inférieurs, n'avait osé troubler sa douleur en frappant à la porte de sa maison.

Cependant le peuple ne fut pas médiocrement étonné quand, dans la matinée du 15 juin, il vit l'envoyé de Louis IXe se diriger, avec une suite nombreuse, vers le logis d'Etienne Boylesve. Il y avait dans la marche du courtisan une pompe, un apparat qui décelaient une mission importante. Quatre sergents d'armes, portant des bâtons d'ébène recouverts en velours fleurdelysé, ouvraient le cortége ; venait ensuite une brillante cavalcade des gentilshommes de la province d'Anjou, armés de toutes pièces ; l'envoyé du roi paraissait après eux, monté sur un cheval richement caparaçonné, et entouré de valets, d'écuyers et de pages à la livrée de France. La marche était fermée par les échevins de la ville, les marguilliers des diverses paroisses avec leurs bannières, et les plus notables citoyens, choisis dans la bourgeoisie et dans le corps des métiers.

Le cortége s'arrêta devant l'huis d'Etienne Boylesve, et un sergent d'armes toucha les ais de la porte de sa masse d'or en criant : « Ouvrez au nom du roi Louis IXe ! »

La porte s'ouvrit aussitôt à deux battants, et l'envoyé du roi, suivi des gentilshommes et des bourgeois, fut introduit dans le parlouer de la maison. Les serviteurs s'empressèrent d'aller avertir leur maître ; et bientôt Etienne Boylesve parut.

Etienne pouvait alors atteindre à sa trente-deuxième année. Sa figure, belle et caractérisée, respirait le calme d'une âme pure. Dans ses yeux grands, vifs et fendus comme ceux de l'aigle, on pouvait lire la force, la perspicacité, le courage et la persévérance. Sa chevelure était noire, mais quelques filets d'argent qui brillaient çà et là sur les boucles ombrageant son cou blanc et vigoureux, montraient que de hautes et vastes pensées avaient fermenté dans cette tête, et que son intelligence avait médité bien des fois dans le silence des nuits les problèmes sociaux et les combinaisons politiques. Boylesve était de haute stature, et la simple magnificence de ses vêtements relevait encore la dignité de sa personne.

Il s'avança vers l'envoyé de Louis, et ôtant sa toque de velours bleu : — Me voici, monseigneur, dit-il, prêt à entendre les ordres du roi mon maître. Parlez, apprenez-moi ce qu'Etienne Boylesve doit faire et entreprendre pour le service de notre jeune et glorieux monarque ou pour l'utilité du pays.

— Messire Etienne, répondit l'envoyé, le roi Louis IXe a cherché dans tout son royaume un homme qui joignît à la sagesse de Samuel, juge d'Israël, la vaillance de Joab et la fidélité d'Urie ; un homme qui fût puissant par le bras, par la parole et par l'exemple. Cet homme il l'a trouvé, messire Etienne Boylesve ; cet homme, c'est vous ! — Et, après une pause de quelques instants : — Je viens, continua-t-il, vous annoncer que le roi, notre maître, vous a nommé et vous nomme prévôt de sa bonne ville de Paris.

Une rougeur subite couvrit le front d'Etienne ; ses yeux s'arrêtèrent fixes et ardents sur l'ambassadeur ; puis, après ce rapide mouvement d'intime réflexion joignant les mains avec énergie et portant ses regards vers le ciel, d'un ton ferme et de cet accent qui ne peut sortir que d'un cœur pénétré du sentiment de ses devoirs :

— J'ai souvent demandé à Dieu la grâce de servir mon prince et mon pays ! répondit-il ; dans mes prières, monseigneur, je disais : — Mon Dieu ! si mon bras, si ma tête peuvent être utiles à mes frères, à mes concitoyens, tirez-moi de l'obscurité. Si, au contraire, mon Dieu ! je ne devais être dans le monde qu'un instrument inutile, qu'une pierre de scandale, qu'un arc sans vigueur qui plie sous les efforts d'un vulgaire archer, redoublez, mon Dieu, les voiles qui enveloppent ma vie, et laissez-moi mourir humble et inconnu, en bénissant votre saint nom.

— Mais Dieu m'a désigné, continua Boylesve, en passant du ton de l'humilité chrétienne à un ton d'enthousiasme guerrier ; parmi tant de citoyens illustres le roi m'a choisi ; sa voix puissante m'appelle au sein de ses conseils, au milieu des sages de son royaume ! Que la sainte volonté de Dieu soit faite, et que l'ordre du Roi soit accompli ! Monseigneur, j'accepte le titre que vous voulez bien me conférer au nom du roi, le titre haut et magnifique de prévôt de Paris, et je suis prêt à vous suivre.

— Le roi n'attendait pas moins de votre obéissance, messire, répliqua l'envoyé. Ça, pages, écuyers et varlets de la prévôté, venez auprès de votre nouveau seigneur et maître ; armez-le des armes de sa dignité, et qu'il reçoive devant ses concitoyens assemblés les nouveaux honneurs où l'élève la confiance du roi.

Les écuyers, les varlets et les pages s'avancèrent, et Etienne Boylesve fut bientôt revêtu de la cuirasse et du complet accoutrement de fer de la chevalerie de ce temps. Deux échevins de la ville d'Angers lui mirent par honneur le casque en tête, ombragé de plumes blanches, noires et rouges (couleurs de la ville de Paris), et l'envoyé du roi lui ceignit l'épée, tandis que deux pages lui chaussaient les éperons d'or.

Lorsqu'il fut complétement armé, l'envoyé de Louis IX tira son épée, et frappant trois légers coups sur le dos d'Etienne Boylesve qui s'était agenouillé ; — Moi, dit-il au milieu d'un silence religieux, moi, André de Châtillon, maréchal de France, et gouverneur de Picardie et du Hainaut, en vertu des ordres du roi, et par le privilége de ma charge et de mon âge, je vous fais chevalier, messire Etienne Boylesve, et je vous déclare à tous, amis et ennemis, fidèles et infidèles, prévôt de la ville de Paris.

Etienne se releva, et prenant avec une respectueuse effusion la main du vieux guerrier dont il venait de recevoir l'accolade : — Je suis doublement heureux, monseigneur, s'écria-t-il, et de recevoir un si éclatant témoignage de l'estime de mon roi, et de tenir de vos mains valeureuses le nom et la qualité de chevalier. Monseigneur de Châtillon, c'est entre vous et moi, désormais à la vie, à la mort !

Puis, se retournant vers ses concitoyens, nobles, magistrats, bourgeois, et artisans, il leur dit d'une voix que son émotion rendait tremblante :

— Mes bons et chéris compatriotes, c'est vous que le roi honore en ma personne : c'est votre fidélité, ce sont vos vertus qu'il récompense. Mes amis, je serai fidèle aux préceptes, aux exemples que vous n'avez cessé de me donner. Je ferai mon seul bonheur, mon unique prospérité, du bonheur et des prospérités de la France. Car, ne vous y trompez pas, vous autres d'Angers, travailler à la gloire, à la concorde, à la sûreté de la capitale, c'est travailler à la gloire, à la concorde et à la sûreté de la France entière. Adieu, mes amis, adieu, jusqu'au jour où nous nous retrouverons sur les champs de bataille ou dans le ciel !

Des cris de Noël ! Noël ! éclatèrent dans l'assemblée et

furent répétés par la multitude qui encombrait les environs du logis. Le cortége reprit bientôt sa marche : le nouveau prévôt de Paris sortit le dernier, et on lui amena un cheval superbement harnaché, présent du maréchal de Châtillon.

Etienne Boylesve jeta un dernier regard sur sa maison, où il était né et où il avait éprouvé les plus douces joies de l'adolescent, du jeune homme et du père de famille. Une larme en ce moment brilla dans ses yeux ; mais, maîtrisant promptement son émotion, il s'élança sur son impatient coursier avec une dextérité merveilleuse.

Quand il fut en selle, il tira son épée, en jeta le fourreau au loin, et adressa au maréchal de Châtillon ces remarquables paroles : — Monseigneur, un prévôt de Paris a besoin d'avoir constamment les yeux ouverts et l'épée en main ; le sommeil doit être inconnu à ses paupières, comme à ce glaive sera le fourreau. Marchons vers Paris, monseigneur, et entrons-y l'un et l'autre, vous comme un héros qui se repose, moi comme un magistrat qui vient veiller.

Et ils chevauchèrent ; et le septième jour, à l'aube, ils arrivaient devant le palais en l'Isle, demeure des prévôts de Paris.

La population de la ville de Paris, au commencement du règne de Louis IX, montait à soixante-quinze mille habitants ; mais sur ce nombre, assez considérable si l'on se reporte au peu d'étendue de la ville, resserrée presque tout entière, moins le quartier de l'Université, entre les deux bras de la Seine qui entourent l'île du Palais, il s'en trouvait une vingtaine de mille environ, composés d'individus nomades et sans foi ni loi. C'étaient des Juifs, des filles perdues, des Bohêmes et des ruffiens de tous les pays. Ces gens, de nations et de langages si divers, s'étaient divisés et subdivisés en tribus et en centuries, et, sous les noms de malingreux, de truands, de mauvais garçons et de hutins, inspiraient à la véritable population de la capitale un effroi et une épouvante qui ne faisaient que s'accroître chaque jour. L'espèce d'impunité dont ils jouissaient leur avait donné le droit de tout oser, de tout entreprendre, et ils usaient largement du privilége que donnent au crime une justice méticuleuse et une autorité sans vigueur.

Aussi ne se passait-il guère de jour dans Paris sans qu'on assassinât à la clarté du soleil ; des femmes étaient insultées, et souvent aux mauvais traitements se joignait le viol ; des enfants étaient enlevés jusque sur les marches du logis paternel ; les regards des vierges et des matrones étaient offensés, dans les carrefours et les rues, par des danses d'une obscénité révoltante. La bourgeoisie se plaignait, le peuple même murmurait d'un si incroyable débordement de mauvaises mœurs, mais les magistrats chargés de veiller aux intérêts et à la sécurité de la Cité n'osaient pas sévir, ou, s'ils sévissaient, c'était avec une si indolente fermeté que les coupables étaient les premiers à tourner en dérision ce simulacre de justice, et n'en continuaient pas moins à se livrer à leurs désordres et à leurs attentats.

Etienne Boylesve fut frappé d'étonnement à la vue de cette grande ville, de cette capitale illustre, livrée pour ainsi dire à la perturbation, au pillage et au meurtre, par une poignée de misérables renouvelant dans leurs mœurs les orgies de Siceleg, les lupercales de Samaric et les effroyables déportements de Gomorrhe. Il alla en hâte trouver le roi, et lui exposa dans un discours, dont il ne nous reste malheureusement que des fragments, l'état misérable de sa bonne ville de Paris, demandant ses ordres, et le suppliant de permettre qu'il se démît de sa dignité, si les moyens mis en son pouvoir devaient demeurer insuffisants pour réprimer les désordres, et venger tout à la fois la nature, la morale et la religion outragées.

— Messire Etienne, répondit le roi, je vous ai mis à la tête de ma bonne ville de Paris pour remédier aux maux, ulcères et lépres qui la dévorent. Vous tenez l'épée de prévôt de moi, usez-en donc pour la gloire de Dieu, le bien de mon peuple et l'honneur du trône. Jugez et frappez, sire prévôt, voilà qui vous servira de garant ainsi que ma parole royale.

Et le jeune roi, prenant un feuillet de parchemin, écrivit dessus : *Tout pour justice !*

— Sire roi, dit le prévôt en mettant un genou en terre pour recevoir le cartulaire des mains de Louis, ces mots que votre main sacrée vient de tracer seront désormais ma devise et la règle de ma conduite ; oui, sire, tout pour justice ! et que dans ces trois mots gisent la grandeur de votre couronne et la prospérité de la nation !

Aux rapts, aux assassinats, aux vols à main armée dont Paris était journellement le théâtre, venait se joindre un autre fléau. Dans le quartier des Lombards et des Argentiers, les fabricateurs de fausse monnaie pullulaient ainsi que les rogneurs d'espèces ; c'était le pauvre peuple surtout qui souffrait de ces atroces combinaisons de l'avarice et de la fraude. Etienne Boylesve se détermina à purger d'un seul coup la capitale des assassins et des meurtriers, et à faire disparaître du sol entier de la France la dangereuse engeance des faux monnayeurs.

Il fit élever sur les bords de la Seine, entre le marché aux œufs et la *hanse,* ou parlouer aux bourgeois, douze potences, chacune à trois branches. Pendant quatorze jours, ces douze potences se chargèrent de nouveaux hôtes. Un meurtre était-il commis ? des actes coupables se déroulaient-ils au milieu des rues ? les archers de la prévôté, dont Etienne avait renouvelé le corps, s'emparaient des criminels et les menaient devant le prévôt, qui, sans désemparer, les jugeait sur témoignages et les dépêchait immédiatement au bourreau. Tant de zèle et de fermeté devaient avoir de grands résultats ; et telle était l'énergie que Boylesve apportait dans ses fonctions, que, pendant les trois premiers mois de sa charge, assurent les auteurs contemporains, il ne voulut pas coucher dans un lit, prenant quelques heures de repos seulement chaque nuit, sur un lit de camp dressé en la grand'salle de la prévôté, mais toujours revêtu de ses insignes, et l'épée nue à la main ou au côté.

Aussi quelques semaines suffirent pour jeter la consternation chez les scélérats, et rendre aux gens de bien la confiance.

Après avoir mis un frein à la fureur des pillards et des assassins, Etienne Boylesve voulut à leur tour atteindre les sangsues du peuple, et punir les rogneurs de carolus et fabricateurs de faux écus. Un grand nombre de ces larrons, qui tous appartenaient à la juiverie ou à la petite bourgeoisie marchande, étaient enfermés dans les souterrains de l'hôtel de la prévôté et dans les cachots du Châtelet. Le prévôt, accompagné de ses assesseurs, y descendit lui-même, pour s'assurer du nombre des captifs et de la gravité des crimes qui leur étaient imputés. Le greffier lisait le nom des prisonniers, et ils se présentaient tour à tour pour répondre à de brèves et catégoriques questions. Tout à coup, au moment où allait se terminer ce sinistre appel, deux de ces malheureux, l'un sortant à peine de l'adolescence, l'autre au front ridé et couvert de rares cheveux blancs, se précipitèrent aux genoux du prévôt :

— Etienne ! Etienne ! mon frère ! mon oncle ! s'écriaient-ils piteusement en baisant ses mains et en les inondant de pleurs.

— Je n'ai point ici de beau-frère ni de neveu, répondit Boylesve d'une voix grave et ferme quoique émue. Je ne suis point en ce moment Etienne Boylesve, je suis le prévôt de Paris, qui vient vous connaître et vous juger.

— Etienne, s'écria le vieillard d'un accent douloureux et suppliant, oublies-tu que je suis le frère de ta chaste épouse ? oublies-tu que le sang de tes fils coule dans les veines de ce pauvre enfant ?... Il est innocent, Etienne, et n'a trempé dans mon crime que pour m'obéir ; je l'ai entraîné. Grâce ! grâce pour lui au nom du ciel ! au nom de la très-sainte mère de Dieu, fais-lui grâce ! Tu dois me condamner, c'est ton devoir ; mais prends en pitié ce pauvre enfant !

— Si monseigneur le prévôt m'y autorisait, dit bien bas et en se rapprochant le greffier tout attendri, je bifferais le nom de ces deux hommes : et quant aux témoignages qui ont motivé l'accusation, on les annihilerait facilement à prix d'or, avant que l'information fût consommée.

Le prévôt se retourna vivement vers le greffier, et le tenant en arrêt sous son regard éclatant d'indignation : Encore une semblable proposition ! maître greffier, lui dit-il d'une voix brève et irritée ; encore un mot, et je vous fais pendre !

Puis, d'un accent amer, s'adressant aux deux hommes agenouillés à ses pieds : — Ainsi, continua-t-il, ce n'était pas assez, Bernard de la Guesle, par des dehors pieux, par un maintien humble, d'usurper le titre d'honnête homme que vous décernaient vos concitoyens ; il fallait encore, en tombant à force d'avarice dans le crime, que vous entraînassiez dans l'abîme votre jeune fils ! Et vous, Guillaume, pourquoi avez-vous succombé ? Malheureux ! vous les chefs, les premiers du peuple, vous preniez à tâche de le miner, de l'affamer, en retranchant sur l'obole qu'il ne gagne qu'à force de sueurs. Allez, vous êtes des mécréans, et plût à Dieu qu'ainsi que le croyait votre famille en vous pleurant, d'autres larrons moins criminels que vous, eussent tranché le fil de vos jours, je n'aurais pas aujourd'hui le triste office de vous convaincre, de vous juger et de vous punir.

Et, continuant sa visite malgré les pleurs et les exclamations poignantes du vieillard, il reprit le cours de son information criminelle.

A trois jours de là, Bernard de la Guesle et son fils Guillaume comparaissaient devant le prévôt, assisté des officiers de la prévôté.

Le crime était patent et avéré ; les preuves accablantes et irrécusables : Bernard et Guillaume de la Guesle furent condamnés à être pendus, pour avoir, dit l'arrêt : «Rogné, falsifié et coupé les pièces d'or et d'argent à l'effigie du roi notre sire, et avoir façonné, fabriqué, mis en cours et livré au peuple sur divers marchés de France, et notamment sur les terrains de la foire St-Denis et de la halle St-Landry, des liards, doubles, et deniers de mauvais aloi, et évidemment faits avec du plomb passé au marteau. »

Le prévôt prononça la sentence, et ordonna qu'elle serait immédiatement exécutée.

Mais à peine Boylesve était de retour dans son logis, que sa femme, qu'il aimait tendrement, que ses fils, sa plus chère espérance et son orgueil, vinrent se jeter à ses pieds, en le suppliant à mains jointes de faire grâce à ses malheureux parents. Ils lui représentaient le repentir du vieux Bernard de la Guesle et l'extrême jeunesse de son fils ; ils lui mettaient sous les yeux le désespoir, le deuil de leur famille et la honte qui en rejaillirait sur lui.

— La honte, répondit Boylesve avec dignité, est toute au coupable et ne saurait m'atteindre à la hauteur de l'éperon.

— Vous pouvez, reprit l'épouse suppliante, commuer la peine, et le roi vous donne le pouvoir d'arrêter le glaive tout prêt de frapper.

— Oui, je puis le faire, et le roi l'a dit, répartit

Etienne avec chaleur ; mais que dirais-je, moi, aux familles que mon épée de prévôt a déjà atteintes ? que dirais-je à ceux qui viendraient demander des grâces, et me jetteraient cette supplique à la face : Ayez pitié de nos frères, de nos neveux, comme vous avez eu pitié des vôtres ! Non, madame, cela ne peut être, et la justice des hommes doit avoir son cours !

Au maréchal de Châtillon, envoyé par le roi pour le fléchir, Boylesve opposa la même réponse. Vainement fut-il objecté qu'assez d'exemples avaient été faits ; le prévôt demeura inexorable, et montrant au vieux guerrier la devise qu'il avait reçue du roi : *Tout pour justice*, et qu'il avait fait graver sur le pommeau de son épée : — M. le maréchal, lui dit-il enfin, mon devoir est tracé là en traits de fer, mais, ajouta-t-il, en portant vivement la main sur son cœur, il est écrit là en lettres de feu.

Sous cette écorce rude et terrible, cependant, Etienne Boylesve cachait une âme compatissante. Il passa, disent les chroniques du temps, une partie de la nuit qui précéda le supplice avec ses infortunés parents, répandant d'abondantes larmes avec eux, ne voulant les quitter qu'au moment suprême, et promettant au vieillard son appui pour la veuve et les orphelins qu'il allait laisser.

« Etienne Boylesve, dit un écrivain du XVIIIᵉ siècle, justifia l'honorable choix de Louis IX par une intégrité à toute épreuve, par une juste sévérité, par un zèle infatigable pour le bien public, et par tous les talents qui caractérisent un grand magistrat. Il fit réviser les lois, réprima les désordres, pourvut à la sûreté et à la sécurité publique en mettant une bonne police dans Paris, et distribua les artisans en différentes classes ou communautés auxquelles il donna des statuts si sages et si équitables, qu'ils ont servi de modèles dans la suite. Etienne Boylesve rétablit ainsi en peu de temps l'ordre et la discipline dans le commerce, dans les arts, dans la perception des deniers publics, et fixa la juridiction des justices seigneuriales enclavées dans sa prévôté. »

Ajoutons que ce grand magistrat édilaire était à la fois un guerrier fameux et un profond homme d'Etat. Etienne Boylesve fut un des signataires du traité si avantageux pour la France conclu en 1258 avec Jacques Ier, roi d'Aragon. Plus tard, il s'opposa de toutes ses forces à celui qui fut conclu avec Henri III, roi d'Angleterre, et par lequel le Quercy, l'Agénois, le Périgord, le Limousin et la Guyenne furent rendus aux Anglais sur lesquels ces provinces avaient été conquises. La valeur enfin et la sagesse du prévôt de Paris étaient si hautement appréciées par le roi, les seigneurs et même par les ennemis qu'il combattait, qu'ayant suivi Louis IX à sa première croisade et ayant été fait prisonnier, les Sarrasins exigèrent et reçurent *deux cents livres d'or* pour sa rançon : somme énorme pour le temps, et dont rien de nos jours ne saurait donner une idée.

On ne sait rien de bien précis sur l'époque de la mort de ce grand citoyen, mais une sentence rendue par Regnauld-Barbon, prévôt de Paris, au mois d'avril 1270, doit faire présumer qu'Etienne Boylesve était mort vers la fin de l'année 1269.

Il reste d'Etienne Boylesve un recueil de règlements que l'on nomme communément : *Le Livre des métiers ou le Livre des établissements des métiers de Paris*, parce que la première partie, qui est la plus étendue, contient les statuts des arts et métiers. Avant la révolution de 1789, on connaissait quatre exemplaires manuscrits de ce livre précieux : celui de la chambre des comptes, celui de la bibliothèque de Sorbonne, celui du Châtelet et celui que possédait le commissaire Lamarre. Le premier, qui était l'original, périt dans l'incendie de la chambre des comptes, le 27 octobre 1727, et il n'en reste qu'un extrait, fait par le clerc du Baillet. Le plus ancien des trois qui subsistent aujourd'hui, est celui de

MÊME LIBRAIRIE

AUGUSTE MARCEAU
CAPITAINE DE FRÉGATE
COMMANDANT DE L'ARCHE-D'ALLIANCE
PAR UN PÈRE MARISTE
NOUVELLE ÉDITION
Revue avec soin, considérablement augmentée et fixée définitivement
2 beaux volumes in-12 avec portrait. Prix : 6 francs.
PAR LA POSTE : 7 FRANCS

Aux nombreuses marques d'approbation qui ont signalé l'apparition de ce livre, viennent chaque jour s'ajouter de précieux témoignages de l'intérêt général excité par la biographie du capitaine Auguste Marceau. Nous nous contenterons ici de reproduire l'appréciation d'un supérieur de séminaire.

« Cet ouvrage est intéressant non-seulement pour le fond et les détails, qui entraînent le lecteur, mais par la mise en œuvre qui est parfaite. L'auteur fait parler souvent son héros, dont le langage énergique et assaisonné de sel marin emporte la conviction ; et quand il reprend lui-même la parole, il le fait avec tant d'à-propos et d'autorité que l'âme chrétienne et le directeur des âmes ont à faire de part et d'autre une ample moisson de maximes spirituelles et d'exemples pratiques pour la conduite de la vie. »

». C'est à la fois un bon ouvrage et une bonne œuvre, dont le modeste auteur a voulu rester caché dans les rangs de la pieuse congrégation. Je lis beaucoup de vies, comme chargé de distribuer annuellement plusieurs centaines de volumes de prix, j'en ai trouvé peu qui pussent convenir à un aussi grand nombre de lecteurs, à tous pour mieux dire. Cette vie héroïque a sa place partout : dans le monde, comme dans le cloître ; à l'armée et dans la marine, comme dans les maisons d'éducation et les bibliothèques paroissiales. »

Extrait de la lettre de Mme la Supérieure générale des filles de la Charité de Saint-Vincent de Paul :

... La vie du capitaine Marceau est certainement une de ces vies dont on rencontre peu d'exemples. Car la piété solide et vraie est bien rare dans les personnes de sa profession. Mais elle ne devient que plus édifiante, lorsque l'on voit le travail de la grâce dans cette âme qui y a si généreusement correspondu, et c'est avec une pieuse satisfaction que j'ai accueilli ce beau et saint modèle. . . . . . Sœur L. LEQUETTE.

P. S. J'ajoute, monsieur l'Abbé, que nous serions d'avis, avec monsieur notre Supérieur général, de propager ce livre dans les hôpitaux militaires surtout.

LA VIE DE MARCEAU a été honorée d'un bref de S. S. Pie IX.

la Sorbonne, qui se trouve à la bibliothèque Ste-Gene-
viève. On voit, par l'écriture de ce manuscrit, qu'il est
des temps mêmes d'Etienne Boylesve, par conséquent
de la fin du treizième siècle. Pour dire quel est le mérite
de cet ouvrage, il nous suffira de citer un fait peu ou
point connu. Sixte-Quint, un des plus grands pontifes
qui aient régné sur Rome chrétienne, voulut purger les
états de l'Eglise des nuées de vagabonds et de gens sans
aveu qui semblaient avoir pris possession depuis quelques années du patrimoine de Saint-Pierre. Des bour-
reaux et des gibets mirent fin aux désordres, aux meur-
tres, aux assassinats qui portaient la consternation parmi les familles. Mais là ne s'arrêta point sa sollicitude
ponticale. Sixte-Quint désira aussi asseoir la sécurité de
la ville de Rome sur des bases fermes et durables. Pour
parvenir à ce résultat, il écrivit de sa propre main à son
légat, à Paris, le signor Hercule Gonsalvi, et lui enjoi-
gnit de se procurer les statuts des arts et métiers d'Etienne
Boylesve. Le légat se hâta d'obéir aux ordres de sa sain-
teté, et ce fut sur le manuscrit de la Sorbonne que fut
copié et traduit l'exemplaire de cet ouvrage, qui se voit
encore aujourd'hui dans la bibliothèque du Vatican, et
qui porte la date du mois d'octobre 1587.

PARIS. — IMP. VICTOR GOUPY, RUE GARANCIÈRE, 5.

MÊME LIBRAIRIE

AUGUSTE MARCEAU
CAPITAINE DE FRÉGATE
COMMANDANT DE L'ARCHE-D'ALLIANCE
PAR UN PÈRE MARISTE
NOUVELLE ÉDITION
Revue avec soin, considérablement augmentée et fixée définitivement
2 beaux volumes in-12 avec portrait. Prix : 6 francs.
PAR LA POSTE : 7 FRANCS

Aux nombreuses marques d'approbation qui ont signalé l'apparition de ce livre, viennent chaque jour s'ajouter de précieux témoignages de l'intérêt général excité par la biographie du capitaine Auguste Marceau. Nous nous contenterons ici de reproduire l'appréciation d'un supérieur de séminaire.

« Cet ouvrage est intéressant non-seulement pour le fond et les détails, qui entraînent le lecteur, mais par la mise en œuvre qui est parfaite. L'auteur fait parler souvent son héros, dont le langage énergique et assaisonné de sel marin emporte la conviction ; et quand il reprend lui-même la parole, il le fait avec tant d'à-propos et d'autorité que l'âme chrétienne et le directeur des âmes ont à faire de part et d'autre une ample moisson de maximes spirituelles et d'exemples pratiques pour la conduite de la vie. »

» C'est à la fois un bon ouvrage et une bonne œuvre, dont le modeste auteur a voulu rester caché dans les rangs de la pieuse congrégation. Je lis beaucoup de vies, comme chargé de distribuer annuellement plusieurs centaines de volumes de prix, j'en ai trouvé peu qui pussent convenir à un aussi grand nombre de lecteurs, à tous pour mieux dire. Cette vie héroïque a sa place partout : dans le monde, comme dans le cloître ; à l'armée et dans la marine, comme dans les maisons d'éducation et les bibliothèques paroissiales. »

Extrait de la lettre de Mme la Supérieure générale des filles de la Charité de Saint-Vincent de Paul :

... La vie du capitaine Marceau est certainement une de ces vies dont on rencontre peu d'exemples. Car la piété solide et vraie est bien rare dans les personnes de sa profession. Mais elle ne devient que plus édifiante, lorsque l'on voit le travail de la grâce dans cette âme qui y a si généreusement correspondu, et c'est avec une pieuse satisfaction que j'ai accueilli ce beau et saint modèle. . . . . . Sœur L. LEQUETTE.

P. S. J'ajoute, monsieur l'Abbé, que nous serions d'avis, avec monsieur notre Supérieur général, de propager ce livre dans les hôpitaux militaires surtout.

LA VIE DE MARCEAU a été honorée d'un bref de S. S. Pie IX.

MÊME LIBRAIRIE

COURS
DE RELIGION

PAR

LE P. MARIN DE BOYLESVE, S. J.

La Trinité, in-12, 2ᵉ éd.

La Création (sous presse).

Triomphe de la Foi, in-12.

Jésus-Christ, d'après l'Ancien Testament, in-12.

L'Eglise et le Pape, in-12.

Les Luttes de l'Eglise (sous presse).

Le Règne de J-C. par les Papes :
1ᵉʳ TABLEAU : St-Pierre et les Papes Martyrs, in-12.
2ᵉ TABLEAU : Les Papes et les Césars chrétiens, in-12.
3ᵉ TABLEAU : Les Papes, les Grecs, les Francs, in-12.
4ᵉ TABLEAU : Les Papes, les Italiens, les Allemands, in-12.
5ᵉ TABLEAU : Les Princes se séparent des Papes, in-12.

Catholique et Libéral, br. in-12.

PARIS. — IMP. VICTOR GOUPY, RUE GARANCIÈRE, 5.

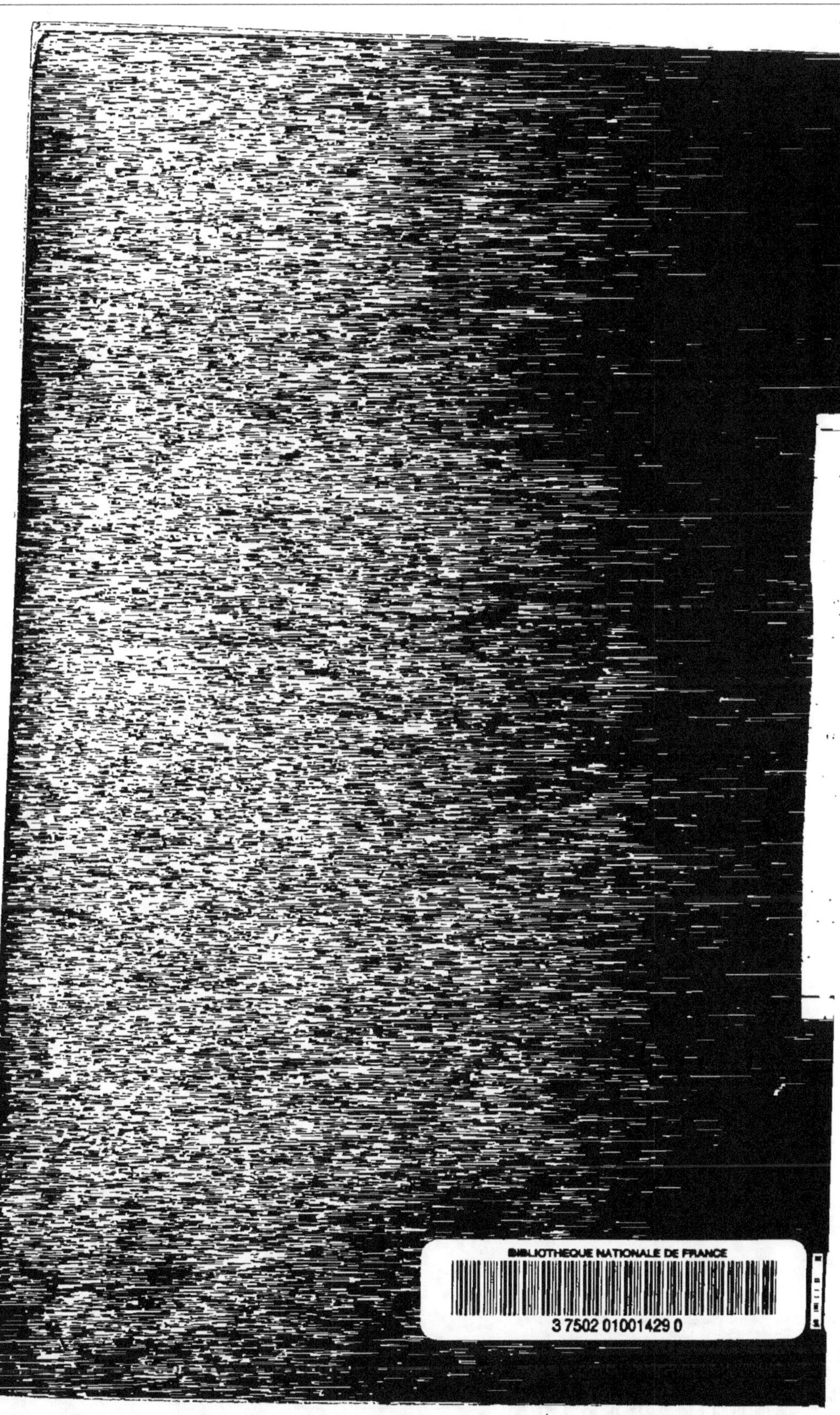
BIBLIOTHEQUE NATIONALE DE FRANCE

3 7502 01001429 0

www.ingramcontent.com/pod-product-compliance
Lightning Source LLC
Chambersburg PA
CBHW061608050726
47595CB00007B/2836